Henne

höna

Hahn

tupp

Küken

kyckling

Entenküken

ankunge

Truthahn

kalkon

Esel

åsna

Schwan

svan

Frosch

groda

Waschbär

tvättbjörn

Bär

björn

Eichhörnchen

ekorre

Fliege

fluga

Marienkäfer

nyckelpiga

Wurm

mask

Schnecke

snigel

Nacktschnecke

snigel

Biene

bi

Spinne

spindel

Käfer

skalbagge

Libelle

trollslända

Löwe

lejon

Zebra

zebra

Giraffe

giraff

Nashorn

noshörning

Schlange

orm

Mücke

mygga

meeresschildkröte

havssköldpadda

Nilpferd

flodhäst

alligator

alligator

Krokodil

krokodil

Hai

haj

Walross

valross

Pinguin

pingvin

Eisbär

isbjörn

Robbe

säl

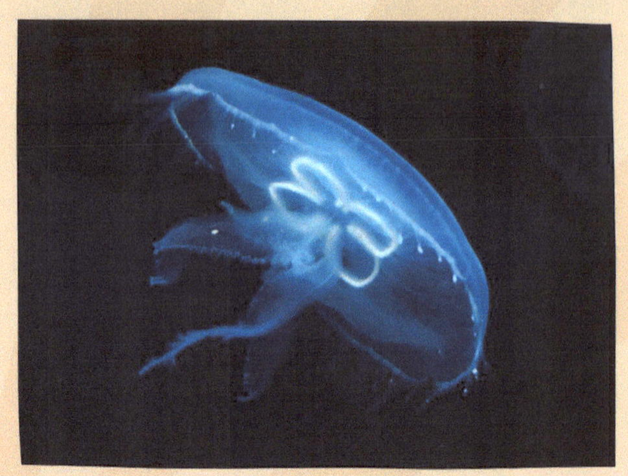

Seestern

sjöstjärna

Qualle

manet

Muscheln

snäckor

Feder

fjäder

11

elf

elva

12

zwölf

tolv

13

dreizehn

tretton

14

Vierzehn

fjorton

15

fünfzehn

femton

16

sechzehn

sexton

17

siebzehn

sjutton

18

achtzehn

arton

19

neunzehn

nitton

20

zwanzig

tjugo

Herz

hjärta

oval

oval

Pfeil

pil

Halbmond

halvmåne

Kurve

kurva

Spirale

spiral

Kreuz

kryss

Zickzack

sicksack

Regenbogen

regnbåge

dunkle Farben

mörka färger

helle Farben

ljusa färger

Punkte

prickar

Linie

linje

klein

kort

groß

lång

ein wenig

lite

viel

mycket

voll

full

leer

tom

lockiges Haar

lockigt hår

glattes Haar

rakt hår

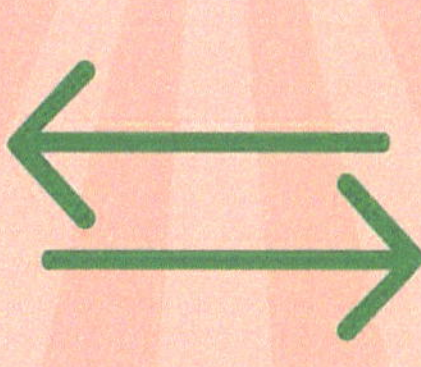

akzeptieren

acceptera

verweigern

vägra

identisch

identisk

unterschiedlich

olika

trocken

torr

nass

våt

Spielzeuge

leksaker

Blöcke

klossar

Ball

boll

Roboter

robotar

Zunge

tunga

Nase

näsa

Haare

hår

Schnurrbart

mustasch

Finger

fingrar

Arm

arm

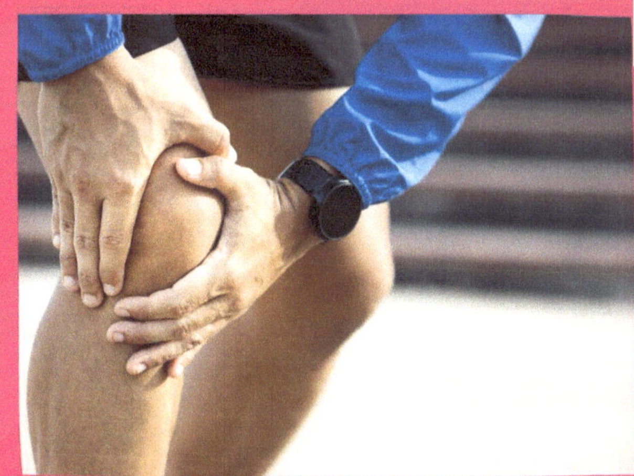

Knie

knä

Ellbogen

armbåge

lächeln

att le

küssen

kyss

weinen

gråta

Schmerz

smärta

Körper

kropp

Rücken

rygg

Schnuller

napp

Hochstuhl

barnstol

Seife

tvål

Zahnbürste

tandborste

Handtuch

handduk

Töpfchen

potta

Ring

ring

Armband

armband

Halskette

halsband

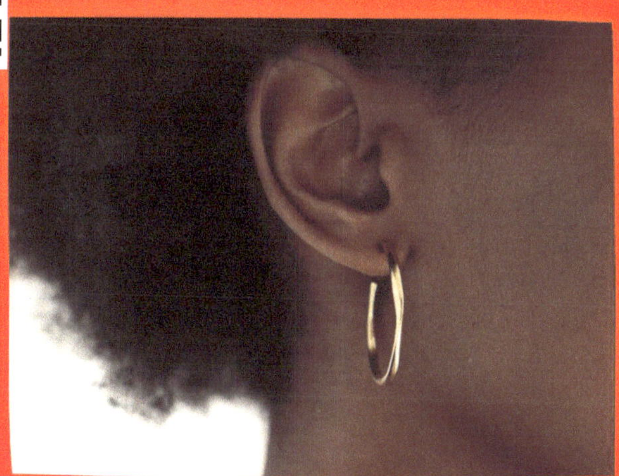

Ohrring

örhänge

Schokolade

choklad

Popcorn

popcorn

Marmelade

sylt

Toast

rostat bröd

Honig

honung

Butter

smör

Brot

bröd

Eis

glass

Grieß

mannagryn

Reis

ris

Pasta

pasta

Suppe

soppa

Milch

mjölk

Wasser

vatten

Saft

juice

Kiwi

kiwi

Himbeere

hallon

Grapefruit

grapefrukt

Melone

melon

Pflaume

plommon

Aprikose

aprikos

Granatapfel

granatäpple

Feige

fikon

Heidelbeere

blåbär

Preiselbeere

tranbär

Kaki

persimon

Litschi

litchi

Früchte

frukter

Gemüse

grönsaker

Avocado

avokado

grüne Bohne

grön böna

Brokkoli

broccoli

Aubergine

äggplanta

Erbsen

ärtor

Paprika

paprika

Rote Beete

rödbeta

Salat

sallad

Endivie

endiv

Artischocke

kronärtskocka

Lauch

purjolök

Zwiebel

lök

Knoblauch

vitlök

Ingwer

ingefära

Walnüsse

valnötter

Mandel

mandel

Pistazie

pistagenöt

Cashew

cashewnötter

www.ingramcontent.com/pod-product-compliance
Lightning Source LLC
LaVergne TN
LVHW071212160826
845679LV00003B/807

* 9 7 9 1 0 4 1 7 0 9 5 4 0 *